AF326071

MONSIEUR

LÉON LEMAIRE

ADMINISTRATEUR

DES CONTRIBUTIONS INDIRECTES

PAR

L'ABBÉ POINDRON

SUPÉRIEUR DU PETIT SÉMINAIRE

DE NOTRE-DAME DE LIESSE

MONTREUIL-SUR-MER

IMPRIMERIE NOTRE-DAME DES PRÉS

1892

MONSIEUR

LÉON LEMAIRE

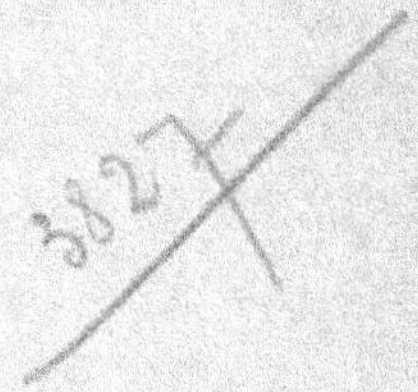

IMPRIMATUR.

Atrebati, die 23 Octobris 1892.

F. Sueur, Vic. Gen.

APPROBATION

DE

MONSEIGNEUR DUVAL, ÉVÊQUE DE SOISSONS.

Soissons, le 29 Octobre 1892.

Mon cher Supérieur,

J'ai trouvé hier, en rentrant de Saint-Quentin, les épreuves de votre notice sur la vie si intéressante et si édifiante de M. Lemaire. Je les ai lues et je vous les renvoie.

Je vous félicite de ce travail et vous remercie d'avoir conservé ainsi le souvenir de cet homme de bien et de ce chrétien. Les hommes sérieux le liront avec grand profit. Puissent-ils y voir que si les vertus naturelles suffisent pour faire l'honnête homme et obtenir le respect et la considération, elles ne suffisent pas pour paraître devant Dieu, et que la seule conscience qui va jusqu'au bout de ses devoirs de chrétien peut s'assurer la paix des derniers moments et mériter la récompense éternelle.

Croyez, mon cher Supérieur, à mes sentiments bien affectueusement dévoués en N.-S.

† JEAN-BAPTISTE,
Évêque de Soissons et Laon.

MONSIEUR

LÉON LEMAIRE

ADMINISTRATEUR

DES CONTRIBUTIONS INDIRECTES

PAR

L'ABBÉ POINDRON

SUPÉRIEUR DU PETIT SÉMINAIRE

DE NOTRE-DAME DE LIESSE

MONTREUIL-SUR-MER

IMPRIMERIE NOTRE-DAME DES PRÉS

1892

A NOTRE-DAME DE LIESSE

O Marie, je dépose humblement à vos pieds ce modeste ouvrage, en vous priant de le bénir et de lui faire produire quelques fruits dans l'âme de ceux qui le liront.

Bénissez aussi celui qui ne désire rien de plus, après la grâce d'aimer Dieu, que d'être un de vos plus dévôts serviteurs.

Th. Poindron.

DÉDICACE

A MONSIEUR L'ABBÉ BATON,

Vicaire général, curé-archiprêtre de Laon.

M. l'Archiprêtre,

Je viens vous prier de vouloir bien accepter la dédicace de la modeste biographie que je publie de M. Léon Lemaire. Vous avez été si longtemps son ami et l'ami de sa famille, et vous avez rempli auprès de lui dans les derniers mois de sa vie une mission si importante et si décisive, qu'il m'a paru de haute convenance d'associer votre nom au sien, dès la première page de ce livre.

Veuillez agréer, Monsieur l'Archiprêtre, l'assurance de mes sentiments profondément respectueux et me croire

Votre très humble serviteur en Jésus-Christ,

TH. POINDRON.

Monsieur le Supérieur,

Je suis très touché de la pensée que vous avez eue de m'offrir la dédicace de la biographie de M. Lemaire. Je ne m'attendais pas à un pareil honneur et cependant je ne crois pas devoir le refuser. J'ai été très longtemps l'ami de M. Lemaire et je reste l'ami de sa famille si pieuse et si honorable. Je remercie Dieu de m'avoir permis d'être l'instrument de ses grâces en faveur d'une âme qui en a si largement et si avidement profité. Vous avez compris qu'il ne fallait pas laisser dans l'oubli les exemples de foi, d'humilité et de résignation que nous rencontrons si rarement à ce degré de perfection. Merci! Je prie Dieu de bénir votre travail et de lui faire porter les fruits d'édification qu'il me semble destiné à produire.

Veuillez agréer, Monsieur le Supérieur, l'expression de mes sentiments respectueux et bien dévoués.

D. BATON,
CURÉ-ARCHIP. DE LAON,
VICAIRE GÉNÉRAL.

AVANT-PROPOS

Vers le milieu du mois de décembre 1891, s'éteignait à Laon une vie noblement remplie et qui s'est terminée dans des sentiments exceptionnellement chrétiens. Nous voulons parler de M. Léon Lemaire, ancien administrateur des contributions indirectes.

Il nous a semblé qu'il y aurait, dans le récit de la vie et surtout des derniers moments de cet homme de bien, une source de précieuses consolations pour sa famille éplorée, en même temps qu'un grand sujet d'édification pour tous. Tel est le double motif qui nous a décidé à écrire et à publier ces pages. Qu'on nous permette d'ajouter que nous sommes également trop heureux de payer ainsi une double dette de reconnaissance contractée au jour d'une grande épreuve.

Les qualités qui distinguaient M. Lemaire faisaient de lui, dans toute l'acception du mot, un homme remarquable. Son intelligence d'un niveau élevé, sa rare aptitude pour les affaires d'administration, ses manières simples et affables, son élocution facile que servait une parole d'une admirable douceur, sa grande délicatesse de sentiments, son tact exquis qui ne lui permit jamais de froisser personne ; surtout la bonté de son cœur que manifestait une physionomie aimable habituellement souriante : tout cela faisait de M. Lemaire un homme véritablement hors pair. Cette bonté de cœur, qui était son trait dominant, se manifestait, bien mieux encore que sur les traits du visage, par sa fidélité constante à l'amitié, par des services sans nombre rendus à tous ceux qui faisaient appel à son dévouement, mais surtout par son incomparable affection pour les siens, qui empruntait au cœur de la mère sa tendresse et à celui du père sa fermeté.

Ces pages sont donc plus que justifiées, elles s'imposaient en quelque sorte.

Nous les dédions à ses enfants qui pleurent un père tendrement aimé, et, n'étaient les consolations de la foi, seraient demeurés inconsolables de l'avoir perdu ; nous les dédions à ses amis, qui n'ont pu le connaître sans l'aimer aussi et sans lui vouer une profonde estime ; nous les dédions à ceux même qui lui étaient étrangers, mais qui ne croient pas que la mort est le dernier mot de la vie et qui ne voudraient point quitter la terre sans jeter vers le ciel un cri de repentir, un regard d'espérance et d'amour.

On y lira d'abord la vie d'un homme accompli selon le monde, bienveillant et serviable à l'excès, d'une justice irréprochable, fidèle à ses devoirs professionnels jusqu'au scrupule et au sacrifice de lui-même, mais fidèle aussi au devoir de la grande prière dominicale, au devoir de l'abstinence et aux autres obligations extérieures de la vie chrétienne, toujours, à toutes les époques de sa vie, plein de respect pour les prêtres, respectueux également des convictions et des pratiques religieuses, enclin même à la dévotion envers la très sainte Vierge.

On lira ensuite l'histoire détaillée de ses derniers jours, et c'est sur elle surtout que nous voudrions appeler l'attention du lecteur. Puissent les dernières paroles d'un mourant être pour tous ceux qui les liront la lumière qui éclaire, l'encouragement qui fortifie, la persuasion qui touche ! Puissent ses exemples produire chez eux la conviction qui entraîne, et, en leur montrant qu'il ne suffit pas d'être honnête homme selon le monde, les ramener, s'ils s'en sont éloignés, à la pratique des devoirs de la vie chrétienne, sans lesquels il est impossible d'arriver au salut. Et qu'ils ne disent pas, après avoir lu notre récit : Il suffit de se convertir à la mort. Qu'ils pensent plutôt aux regrets amers qu'ils se préparent à leur dernière heure s'ils passent leurs jours loin des sacrements qui seuls vivifient ; et qu'ils n'oublient jamais cette parole d'un grand Docteur : « Si Dieu a promis le pardon au pécheur repentant, il n'a promis à personne le temps de se repentir. »

LÉON LEMAIRE

CHAPITRE I

La naissance. — Les débuts. — Montreuil-sur-Mer : une union bien assortie. — Houdain : Éléonore et Berthe. — Crépy-en-Laonnois. — Montcornet. — Soissons. — Angoisse mortelle. — Corbeil. — Angers. — Langres.

Givet, petite ville des Ardennes, bâtie sur les deux rives de la Meuse, tout près de la frontière belge, et patrie du célèbre compositeur Méhul, fut aussi la patrie de Léon Lemaire. C'est là qu'il naquit le 18 juin 1815, son père y étant alors employé des contributions indirectes. Le plus jeune des quatre enfants que la bénédiction de Dieu avait envoyés à cet honorable foyer, il avait été précédé dans la vie par une sœur et deux frères.

Ses premières années se passèrent à Sé-
clin et à Lille, où son père dut se rendre
successivement. D'une santé d'abord très
chancelante, il faillit mourir à la suite d'une
longue et cruelle maladie vers l'âge de sept
ans ; mais sa constitution finit par triom-
pher, et jamais depuis, jusqu'aux derniers
mois de sa vie, il n'éprouva la moindre indisposition.

Doué d'une intelligence précoce et d'un
grand désir de s'instruire, il fit dès le jeune
âge de rapides progrès ; mais les circonstances ne lui permirent pas de faire ses études
(ce qu'il regretta toujours dans la suite.) Il
ne dut donc qu'à lui-même et à son travail
personnel ce qu'il fut plus tard.

Peu après sa première communion, sur
laquelle nous n'avons aucun détail, il eut le
malheur de perdre sa mère à peine âgée de
40 ans. Son instruction religieuse se ressen-
tit, hélas ! de cette mort prématurée et resta
incomplète. La jeunesse de Léon Lemaire
fut laborieuse. A douze ans déjà, il aidait
utilement son père dans ses fonctions de
receveur, et jamais on n'eut à regretter, dans

les recettes ou versements qu'il fit en son nom, la moindre erreur.

A dix-neuf ans, il fut admis comme fils de fonctionnaire à passer son premier examen dans les bureaux de la Direction de Laon, et quelques mois plus tard, il était nommé surnuméraire à Chateaudon, deux ans après commis de première classe à Avion, petite commune du Pas-de-Calais, l'année suivante, en 1839, chef de poste à Montreuil-sur-mer.

Dès ses débuts, il avait voulu non seulement se suffire à lui-même, mais encore rembourser à son père, au fur et à mesure que ses ressources le lui permettaient, l'argent que celui-ci lui avait avancé. On le vit même bientôt, de concert avec son frère, le seul qui lui restait alors, pourvoir largement à l'établissement de sa sœur.

A Montreuil, M. Lemaire ne tarda pas à se faire remarquer par ses aptitudes particulières pour le service qui lui était confié et par son travail aussi consciencieux qu'intelligent. Bien vite apprécié par son Directeur d'arrondissement, celui-ci disait de lui, peu de jours après son arrivée : « Mon jeune chef de service est un *homme ;* il est du bois dont on fait les directeurs. » Accueilli, recherché même dans la meilleure société de la ville, M. Lemaire y paraissait toujours avec distinction.

Le mariage qu'il eût l'honneur d'y contracter nous dit assez éloquemment la grande estime dont il y était entouré. « Le 8 février 1841, il épousait Melle Hamille, de cette famille honorable entre toutes, qui donnait aux cultes un de ses directeurs les plus éminents et au Pas-de-Calais un de ses représentants les plus autorisés [1]. »

M. Lemaire était digne de cette alliance, et jamais, on le verra, il n'y eut d'union mieux assortie, toute formée qu'elle était d'affection mutuelle. La femme, intelligente comme son mari, dévouée comme lui, comme lui pleine d'activité, et comprenant la valeur de l'époux que le Ciel lui avait donné, heureuse par là même de suivre en tout sa direction, ne pouvait que faire son bonheur.

[1] Le *Journal de l'Aisne,* au lendemain de la mort de M. Lemaire.

Leur vie à tous deux devait s'appuyer d'ailleurs sur une complète et mutuelle confiance et ne s'inspirer que de la pensée du devoir.

Transféré à Houdain, quelques mois seulement après son mariage, en qualité d'adjoint au receveur, M. Lemaire, sans toutefois blesser celui-ci, sut remonter le service qui laissait à désirer à cause de l'âge avancé du titulaire. Pour sa jeune femme, il fut dès le début un ami tendre et un guide sûr, sachant lui rendre la vie douce et agréable, malgré le grand changement de situation : la campagne au lieu de la ville, une fort modeste installation au lieu de la grande et belle maison paternelle, enfin des ressources très modestes remplaçant une large aisance, le travail sérieux et souvent fatigant succédant à l'existence douce et facile d'une jeune fille au sein de sa famille, entourée d'amies et de relations, et servie à souhait par les domestiques de la maison !

C'est à Houdain que naquirent en décembre 1841, et en mai 1843, les deux filles, Éléonore et Berthe, qui devaient être le fruit de cette union, et nous verrons bientôt quels trésors d'affection Dieu avait mis, pour leur bonheur, dans le cœur de ceux qui leur donnèrent le jour. Les grandes joies de M. Lemaire, plus que jamais, se trouveront dans son intérieur ; il ne vivra plus que pour sa femme et ses enfants, oubliant pour elles ses courses fatigantes, son travail de cabinet si absorbant, les ennuis inévitables de ses fonctions administratives, et ne laissant jamais s'altérer la sérénité de son caractère.

Au mois d'août de l'année 1844, M. Lemaire était nommé receveur à Crépy-en-Laonnois, et huit mois plus tard il devait se rendre au même titre à Montcornet, où il demeura près de quatre ans. Nous allons voir qu'il fut là ce qu'il avait été partout, l'homme du devoir ; mais notons tout de suite l'étroite amitié, qui le lia dès cette époque, avec M. l'abbé Lostonne, Curé-Doyen de Montcornet. Ce digne prêtre trouva en M. Lemaire un ami sûr et un confident discret dans les tristes jours de la révolution de 48, et il ne cessa jusqu'à la fin de sa vie d'être intimement lié avec toute la famille, ainsi qu'en témoigne une affectueuse correspondance, devenue des plus émouvantes à l'époque de la première communion des deux fillettes.

Cette correspondance fut plus assidue encore lorsque M. Lostonne dut s'occuper de la restauration de son église, monument des plus remarquables, mais que le temps et les révolutions avaient cruellement éprouvé. Le vénérable doyen prie ses anciens paroissiens de lui venir en aide en intéressant à sa cause M. Hamille, dont l'influence était grande en ce temps-là. Rien de plus touchant que les lettres exprimant les désirs d'abord puis la reconnaissance du digne pasteur, ses démarches, grâce aux bienveillantes sollicitations de M. Lemaire, ayant obtenu plein succès.

Nous venons de dire qu'à Montcornet comme partout, M. Lemaire fut l'homme du devoir; on peut dire qu'il y mit toute son intelligence et toute son activité au service de ses fonctions. Il réprima la fraude avec non moins de tact que d'énergie, trois fois *même au grand péril de sa vie* : c'est que, quelle que fut sa tendresse pour les siens, il ne savait écouter que la voix de la conscience.

De nouveau remarqué en haut lieu, il fut bientôt désigné pour les emplois supérieurs; aussi le trouvons-nous à Soissons, au commencement de l'année 1849, avec le grade de contrôleur de ville. Il a la joie d'y retrouver un autre prêtre ami, qu'il avait connu et avec lequel il s'était intimement lié chez M. le doyen de Montcornet; nous voulons parler de M. Demiselle, alors professeur au grand séminaire de Soissons. M. Demiselle, lui aussi, resta toujours le fidèle ami de la famille, se fit un bonheur d'aller la visiter dans ses diverses résidences, et c'est chez elle qu'il passa la journée qui précéda son dernier retour à Soissons, où il mourut quelques jours après.

Dans ses nouvelles fonctions de contrôleur, M. Lemaire avait à diriger un personnel assez nombreux; ce qu'il fit avec un succès qui dénotait chez lui un très grand tact et une connaissance des hommes fort remarquable. Mais son séjour à Soissons fut de courte durée. Le contrôle de cette ville ayant été supprimé, il fut nommé dans le même grade à Corbeil.

Ne craignons pas de dire ici que ces divers changements si fréquents devenaient un ennui matériel sérieux pour un budget modeste. Mais grâce à leur sage prévoyance, M. et Mme Lemaire se trouvèrent toujours en mesure de suffire aux dépenses nécessaires, même imprévues.

Une autre épreuve, qui pouvait empoisonner leur existence pour longtemps, les visita presque à la veille de quitter Soissons; leur fille aînée, atteinte d'une congestion cérébrale, se trouva subitement en grand danger de perdre la vie. Le mal cependant semble conjuré au bout de quelques jours, et le médecin permet le départ pour Paris, où la famille prend gîte naturellement chez M. Hamille. Mais la nuit qui suit l'arrivée, la pauvre petite convalescente est reprise de fièvre et de délire. M. Lemaire, si calme d'ordinaire et si maître de lui-même, se sent étreint par une horrible angoisse, s'accuse de la maladie de son enfant, et court à la recherche du médecin de la maison : éperdu, il oublie le numéro de sa demeure, s'en va fiévreusement frapper à un certain nombre de portes, demandant l'habitation du docteur, le découvre enfin, l'emmène près de sa chère enfant, et ne respire que lorsqu'il a appris de sa bouche que l'état de la jeune malade n'est nullement inquiétant. « Jamais, au dire de Mme Lemaire, on n'avait vu M. Lemaire dans une telle agitation ! Aussi bien, quel père aima jamais ses enfants d'un amour plus tendre et plus dévoué ! »

Le séjour de M. Lemaire à Corbeil, comme sous-inspecteur, fut encore plus court qu'à Soissons. Le 1ᵉʳ mai, nous le trouvons au même titre à Angers, et quelques mois plus tard, il est nommé inspecteur à Langres. Sur ces entrefaites, l'inspection de la Seine étant devenue vacante, M. Lemaire, connu par les rapports si remarquables qu'à diverses époques il avait envoyés à l'Administration, est appelé à occuper ce poste. En partant pour Paris, il laissa à Langres ses deux filles pensionnaires dans leur couvent de Saint-Dominique, qu'elles aimaient beaucoup et où l'éducation qu'elles recevaient répondait si bien aux désirs de M. et de Mme Lemaire. La séparation n'en fut pas moins douloureuse pour les parents et les enfants, qui ne s'étaient jamais quittés : aussi, les mois des vacances étaient-ils bien impatiemment attendus de part et d'autre !

CHAPITRE II

C'est pendant le séjour de M. Lemaire à Paris, que sa fille cadette fit sa première communion, au couvent des Dominicaines de Langres.

Une des circonstances qui émeut le plus le cœur d'un père et d'une mère dans la vie de leurs enfants, c'est assurément celle où ils s'approchent pour la première fois du banquet sacré. Les plus indifférents en matière de religion sont touchés jusqu'aux larmes à l'approche du grand jour. Il semble qu'en voyant un de leurs fils, une de leurs filles surtout, recevoir le Dieu de l'Eucharistie, au jour de leur première communion, ils vont eux-mêmes la renouveler, après une désertion parfois bien longue, hélas ! Ils sentent que c'est une partie d'eux-mêmes qui va participer au grand mystère de l'amour divin.

Le bon M. Lemaire pouvait-il ne pas connaître ces tressaillements de l'amour paternel, à la veille de cette cérémonie ineffable qui allait s'accomplir en faveur de sa plus jeune fille. On en jugera par la lettre suivante :

« Ma chère enfant,

« La lettre que tu nous as écrite, à ta mère et à moi, à l'occasion de ta première communion dont le moment approche, nous donne espérance et confiance.

« Tu seras humble de cœur en accomplissant ce grand acte, qui clot si heureusement l'existence de l'enfant et ouvre la vie de la jeune fille, sous les auspices de la grâce et de l'amour divin. Sois également soumise et confiante. Si Dieu est la seule grandeur, il est aussi la bonté même. Dans son cœur, vaste comme l'immensité, il reçoit, console, échauffe et encourage ceux qui aspirent à lui.

« Tu me demandes pardon, ma pauvre petite, des chagrins que ta légèreté nous a causés. L'indulgence des parents pour leurs enfants ne connaît pas plus de bornes que l'amour inépuisable qu'ils leur portent. Si la sévérité leur est quelquefois commandée par la raison, il leur est toujours douloureux d'exercer ainsi leur autorité. Je te parle peut-être avec trop d'abandon ; mais en ce moment mon cœur ne veut admettre aucune précaution. Il sent que tu as pris une résolution inébranlable de nous donner toute satisfaction dans l'avenir, et qu'avec la grâce de Dieu tu ne failliras pas à tes promesses.

« Notre absence au grand jour sera vivement sentie par toi, je le sais. C'est une épreuve qui te fera comprendre qu'il n'est pas ici-bas de bonheur complet ! Je ne te dirai pas que la privation sera vivement sentie par nous-mêmes ; cela se comprend mieux qu'on ne saurait le dire. Cependant, nous nous inclinons devant la nécessité. C'est un grand sacrifice dont nous console la pensée de tes bonnes dispositions.

« De bien loin je te bénis, mon enfant. Je demande à Dieu d'écarter de ton chemin les épines dont la vie est semée; je Le supplie au moins de me les indiquer, de me les faire pressentir, afin que ma main les détourne. C'est mon devoir, c'est presque mon droit. Sois toujours bonne, simple et douce envers tout le monde, *surtout à l'égard des plus petits*. Grandis en sagesse, et le reste viendra par surcroît, selon ce qui est écrit. »

« Je t'embrasse du plus profond de mon cœur. »

La mère de la jeune communiante écrivait à sa fille sous le même pli, et il nous a semblé qu'un extrait de sa lettre devait trouver ici sa place, ne serait-ce que pour montrer à quel point les cœurs des deux époux, ainsi qu'a dit Notre-Seigneur, n'en firent jamais qu'un seul jusqu'au terme de la vie :

« Ton excellent père, chère enfant, qui

sent comme moi à ton égard, t'a dit tout ce que je pouvais te dire moi-même. Ta lettre, ma bonne petite, nous a fait verser des larmes bien douces à tous deux, puisque nous voyons que tu es pénétrée de la grande action que tu vas accomplir. Nous souffrirons comme toi de ne pas être témoins du plus beau jour de ta vie; mais si nous sommes éloignés de corps, nos cœurs seront près de toi, et nos prières arriveront en même temps au ciel. Nous entendrons tous la messe à ton intention, et nous y communierons.... Ta sœur que tu aimes si tendrement et qui te le rend avec usure, ira après toi s'assoir à la table sainte; ses prières seront bien ferventes, j'en suis sûre, puisqu'elles seront pour sa sœur chérie... »

Et la bonne mère ajoute avec un sentiment de tendresse que le style trahit : « Si tu avais vu l'émotion de ton père en t'écrivant, ma petite Berthe, tu saurais comme il t'aime! Tu verras sur sa lettre les traces de ses larmes. Conserve-la, ainsi que toutes celles que tu recevras à l'occasion de ta première communion!

« Adieu, ma chère enfant, je te pardonne les ennuis que tu as pu me causer, et je t'envoie ma bénédiction.

« Je vous embrasse toutes les deux bien tendrement. »

Revenons à l'inspection du département de la Seine. La somme de travail fournie par M. Lemaire, pendant les cinq années qu'il demeura à Paris dans cet emploi, est vraiment incroyable. Il faudrait, pour s'en faire une idée, se rendre compte des courses nombreuses que lui imposait cette charge, et lire les volumineux rapports qu'il lui fallait rédiger au retour.

Parti chaque jour de chez lui à une heure assez matinale, il n'y rentrait qu'à six ou sept heures du soir, après avoir parcouru de grandes distances et inspecté le service des divers contrôles de la banlieue de Paris, si chargée de fabriques de diverses natures, de brasseries, de manufactures de tabac, de débits de boissons, etc. Rentré chez lui, il prenait à peine le temps de dîner, se mettait au bureau et rédigeait le compte-rendu des travaux de la journée. Pour suffire à une telle tâche, ne fallait-il pas à la fois une grande volonté, un amour très élevé du devoir, sans compter une force physique remarquable et une facilité de travail étonnante ?

Cependant de tels excès de fatigue altérèrent un moment sa vaillante constitution, il dut prendre un congé de quelques jours et se reposer. Ce fut pour M. et Mme Lemaire l'occasion de retourner à Montreuil-sur-mer et d'y faire quelques visites de famille. C'était le premier voyage d'agrément qu'ils se permettaient depuis leur mariage.

Au retour de ce voyage, M. Lemaire reçut un nouveau témoignage de la haute estime que l'Administration supérieure avait pour lui et du cas qu'elle faisait de ses services. Le directeur général lui-même lui adressait cette lettre des plus flatteuses :

« Monsieur, par un arrêté rendu sur ma proposition, le Ministre vous a élevé sur place à la première classe de votre grade. Lorsque l'Administration a été vous prendre aux derniers rangs du cadre des inspecteurs de 3ᵉ classe pour vous placer à la tête de l'importante inspection de Paris, elle vous a donné un témoignage de haute confiance. Le succès avec lequel vous avez rempli jusqu'ici ce poste laborieux et difficile a pleinement justifié son choix, et il m'a été agréable de vous faire accorder une seconde promotion hors tour, en récompense du zèle éclairé que je me suis plu à remarquer et que je continuerai avec plaisir à encourager, certain que je suis d'avance que vous aurez à cœur de le maintenir au degré où vous l'avez élevé. »

Mais à quelque temps de là, le 2 juin 1859, M. Lemaire recevait un nouvelle et plus haute récompense de tant de zèle et de dévoûment, il était nommé directeur départemental à Clermont-Ferrand, et se trouvait alors le plus jeune directeur de France, le seul qui fût arrivé à cette haute position sans avoir passé par les bureaux.

A Clermont, comme partout, M. Lemaire fut bien vite apprécié de toutes les autorités de la ville ; comme directeur, littéralement chéri de son personnel, et comme homme privé, très goûté dans ses relations, dont beaucoup lui restèrent fidèles jusqu'à la fin de sa vie.

C'est à Clermont, le 15 juillet 1861, qu'il eut *la bonne fortune* de marier sa fille aînée avec M. Collangettes. J'emprunte ici l'expression par laquelle débutait le discours adressé aux jeunes époux, lors de la formalité civile, par M. le Maire de la ville. Nous aurions aimé à le citer tout entier, mais puisque nous ne devons pas louer les vivants, nous nous bornerons au passage qui concerne M. Lemaire. « Bien qu'étranger à notre ville, disait M. Bonnay, maire de Clermont, Monsieur votre père a su bien vite conquérir les sympathies de chacun et n'a pas tardé à recueillir cette considération qui entoure toujours le fonctionnaire habile et consciencieux ; nous nous féliciterions doublement si votre mariage devait pour longtemps le fixer au milieu de nous et nous conserver le bénéfice de son administration intelligente et éclairée. »

Puis, faisant allusion à M. Hamille, il

ajoute : « Puisque je suis ici dans mes fonctions municipales, qu'il me soit permis en passant de remercier un des membres de votre famille de la bienveillance dont il m'a personnellement entouré, de sa sollicitude constante pour les intérêts de notre ville et des munificences gouvernementales qu'il nous apporte et nous fait espérer ; qu'il reçoive ici l'expression de ma reconnaissance. »

Le vœu exprimé par M. Bonnay ne devait pas se réaliser, M. Lemaire ne resta à Clermont que deux ans et quelques mois. L'Administration alors jeta les yeux sur lui pour lui confier la direction du département de l'Aisne ; et au mois de décembre 1861, il quittait Clermont, laissant à tous de grands regrets, surtout, est-il besoin de le dire, dans le cœur de sa fille qui pour la première fois, depuis les années du pensionnat de Langres, voyait ses parents s'éloigner d'elle. Mais, heureusement, la séparation ne devait pas être de longue durée. On s'en consola d'ailleurs de part et d'autre par une correspondance aussi fréquente qu'affectueuse.

M. Lemaire, poète à ses heures, corres-
pondait parfois en vers avec sa fille, et celle-
ci lui ayant demandé de mettre en acrostiche
son nom de baptême reçut bientôt *l'envoi* et
l'acrostiche, qu'elle a soigneusement con-
servés. On les lira volontiers.

ENVOI.

Ma chère Éléonore,

Mettre en acrostiche ton nom
N'est pas, crois-le, chose facile.
Trois E, deux O, non sans raison,
Effrayaient ma plume inhabile ;
Sans peine en effet tu conçois
Que sur huit vers c'est grande gêne
D'être ainsi lié tant de fois :
Mais si mon esprit à la chaîne
A dû subir ces dures lois,
Mon cœur, lui, sans nulle contrainte,
Riant de ma muse aux abois,
Te serre dans sa chaude étreinte,
Et dit que mes vers sont trop froids.

pouser la douceur, plaire sans artifice,
aisser à nos mondains leurs vains amusements,
tendre autour de soi l'amour du sacrifice,
bserver du Sauveur les saints enseignements ;
'est-ce pas là, dis-moi, la peinture fidèle,
ù tous les tiens, charmés de trouver ton portrait,
econnaîtront sans peine un aimable modèle,
t verront tes vertus revivre trait pour trait.

La séparation, disions-nous, devait être courte. Dès le mois de janvier 1862, M. Lemaire put attirer son gendre dans ses bureaux, à la direction de l'Aisne, et la famille se trouva de nouveau réunie. C'est là que dans une douce intimité M. Lemaire faisait rayonner autour de lui les charmantes qualités de son esprit et de son cœur ; il ne mettait jamais en commun une seule de ses préoccupations, qu'il laissait invariablement dans son cabinet ; en famille, il n'était plus que père et mari.

Au mois d'avril 1865, il mariait sa seconde fille à M. Tollemer, jeune fonctionnaire d'avenir, dont il connaissait la famille depuis de longues années. Deux enfants, un fils et une fille, furent le fruit de cette union, qu'attristèrent diverses épreuves et à laquelle la mort de M. Tollemer mit fin en 1883..... Mme Tollemer fut soutenue, avant et après son veuvage, par les conseils et les encouragements si pleins de tendresse de son père bien-aimé. Elle a elle-même pieusement conservé, comme une relique, la pièce de vers qu'elle reçut de lui au jour du malheur.

A MA FILLE BERTHE.

Le malheur a sur toi posé sa main cruelle,
Atteinte par ses traits dans ton plus cher amour,
Tu sens ton cœur brisé : mais l'ombre maternelle
Peut du bonheur encore amener le retour.

Comme le jeune enfant, dans sa douleur amère,
Cherche pour s'y cacher le sein qui l'a nourri,
Ainsi, dans ton chagrin, tu t'écrias : Ma mère !
Et vins te reposer sur son cœur attendri.

Le secours était là. Jamais dans la souffrance
On ne prononce en vain ce nom plein de douceur ;
S'il calme nos soupirs dans la plus tendre enfance,
Dans l'âge mûr aussi c'est un baume enchanteur.

Rien d'ailleurs ici-bas n'égale la tendresse
Des soins dont une mère entoure son enfant,
Son pur amour n'est point cette trompeuse ivresse,
Qui, semblable aux vapeurs, s'envole en un instant.

Du foyer paternel, abri de ton enfance,
Tu pris l'essor un jour : deux cœurs allaient s'unir !
Alors ton front joyeux rayonnait d'espérance,
Et tu voyais en rêve un riant avenir.

Ainsi le nautonnier, s'éloignant du rivage,
Pour aller sur les mers surgir à d'autres bords,
Vogue la joie au cœur sans craindre le naufrage,
Et voit dans le lointain de séduisants trésors.

Cependant l'horizon recèle la tempête,
Poussés par l'aquilon qui souffle avec fureur,
Les nuages bientôt s'amassent sur sa tête,
Et la foudre en grondant le glace de terreur.

Soudain le mât se brise, et sa chute funeste
Entraîne dans les flots l'audacieux nocher ;
Heureux est-il alors si la Bonté céleste
Lui donne pour refuge un aride rocher.

Ton naufrage, ma fille, est d'une autre nature,
Et le Ciel à tes maux réserve un meilleur sort,

Sans doute l'ouragan a brisé ta mâture,
Mais le flot te soulève et te ramène au port.

Ne possèdes-tu pas une tendre famille,
Qui se montre attentive à tes moindres souhaits,
Grâce à son dévoûment tu pourras, ô ma fille,
Sécher enfin tes pleurs et cesser tes regrets.

N'as-tu pas deux enfants à qui tu dois encore
Avec l'horreur du vice inspirer la vertu ;
Les bons désirs en eux par tes soins vont éclore,
Et tout mauvais penchant y sera combattu.

Marguerite et Camille, émules en sagesse,
Grandiront sous tes yeux, fidèles au Seigneur,
Tu verras dans sa fleur leur aimable jeunesse
Garder son innocence et faire ton bonheur.

Permets-moi, chère Enfant, à ton père rendue,
De te citer bien simple un dicton du vieux temps :
Dieu mesure le vent à la brebis tondue,
Et le soin qu'il a d'elle est de tous les instants.

Que ton frère et ta sœur, pour toi pleins de tendresse,
Te fassent désormais oublier tout chagrin,
Oh ! puisses-tu près d'eux bannissant la tristesse,
Revoir, après l'orage, un jour calme et serein.

ENVOI.

Berthe, à tes vœux enfin j'ai dû souscrire,
En vers, hélas ! il m'a fallu t'écrire.
Reçois-les donc, et, pour m'encourager,
Trouve du moins leur mine présentable ;
Heureux mon cœur, si pour t'être agréable
En t'amusant j'ai pu te soulager.

CHAPITRE III

Dire ce qu'a été M. Lemaire, pendant son
séjour à Laon, comme directeur départemental, ce serait répéter en l'amplifiant encore ce
que nous avons dit de lui dans les différents
emplois qui lui furent confiés. Il ne cessa
d'y être, comme partout, entouré de l'estime
universelle, recherché dans les meilleures
sociétés, *adoré,* comme on dit aujourd'hui,
de tous les employés placés sous ses ordres.
Le service sous sa direction se faisait partout avec une régularité et une exactitude
parfaites. Les rapports qu'il envoyait lui-
même fréquemment à l'Administration supérieure étaient invariablement très remarqués

et très loués, et le désignaient pour le poste élevé auquel nous le verrons bientôt parvenir.

Plusieurs travaux, tout à fait étrangers à ses fonctions et que nous avons parcourus avec autant d'intérêt que de profit, sont dus aussi à sa plume. Ils dénotent tous l'homme excellemment judicieux, en même temps que l'homme de conscience, l'historien érudit, et nous dirions volontiers l'écrivain remarquable. Citons ici pour mémoire : une longue étude sur la révolution de 89, qui n'en est pas précisément l'apologie ; un travail sur le repos du dimanche, où il démontre d'une manière péremptoire que, même dans l'industrie, il serait facile de respecter ce repos si nécessaire à l'homme.

Connaissant à fond le travail des fabriques de sucre (ces engins de démoralisation qui ont été autour de nous la ruine de tant d'âmes, sans parler des corps de nos braves ouvriers des champs qu'elles ont abatardis, sans compter les enfants qu'elles ont étiolés avant leur quinzième printemps) connaissant donc à fond le travail de ces fabriques de sucre, M. Lemaire montre, par une théorie très sérieuse, les moyens pratiques de suspendre la fabrication un jour par semaine, et cela sans trop grandes pertes pour les intéressés. Et quand nous disons *pertes,* lisez diminutions de bénéfices.

Nous avons aussi de M. Lemaire, à l'usage de sa petite fille, un véritable petit traité d'éducation, que nous voudrions voir entre les mains de beaucoup de mères de familles. Qu'on en juge par ces courts extraits :

.... « Chez bon nombre d'enfants, en même temps que la nature physique se développe, l'esprit, qui entrevoit des horizons nouveaux, s'agrandit et se fortifie. — La tâche des parents, toujours délicate, est alors relativement facile. Il leur suffit, en effet, d'étudier avec discrétion une évolution, dont, grâce à l'expérience qu'ils ont acquise, non parfois sans de douloureuses épreuves, ils marqueront les degrés avec cette tendre sollicitude qui est le lien le plus puissant entre la jeunesse et ceux qui ont mission de la conduire : redresser les incorrections dans la règle tracée, réprimer les écarts avec une fermeté douce et persuasive, en employant alternativement, selon les cas, le raisonnement et le sentiment ; tels sont les moyens dont le succès est assuré si les parents apportent dans leur application la prudence et la sagesse, qui exercent toujours une salutaire influence sur les natures honnêtes.

« Mais si avec des enfants bien nés, soumis, confiants, l'éducation est une tâche délicate, si les parents ont à redresser les meilleurs caractères, à lutter contre des défaillances trop fréquentes dans la jeunesse, afin de les bien préparer au voyage de la vie, alors qu'ils auront la responsabilité complète de leurs actions, non seulement vis à vis d'eux-mêmes et de leurs parents, mais vis à vis des étrangers avec lesquels ils se trouveront en contact ou même en opposition ; combien cette tâche de l'éducation devient ardue, de combien de difficultés elle se hérisse, lorsqu'on se trouve en présence d'un caractère faible, irrésolu, d'une nature lente à se manifester au dehors, trop encline à se replier sur elle-même, et se complaisant dans des aspirations vagues, flottantes et indécises, contre lesquelles il est d'autant plus malaisé de réagir qu'elles sont plus secrètes et excluent la confiance..... »

Un peu plus loin nous lisons : « A mon sens, il faut avec les enfants se conduire comme un jardinier à l'égard des arbres dont la culture lui est confiée. Le plus souvent il voit grandir les arbres du verger ; ils sont pleins de sève, poussent des jets trop nombreux qui seraient bientôt une cause d'épuisement. Mais il est là, il veille, coupe les branches parasites, et la sève, qui ne se dépense plus sans profit, va par les canaux secrets de la végétation, nourrir les branches productives et les fruits qu'elles portent. N'est-ce pas une image des enfants sains d'esprit et de corps? qu'une culture intellectuelle forme pour ainsi dire sans efforts?

« Voyez ce même jardinier en présence d'un jeune plant délicat, chétif. Comme il étudie la cause qui met obstacle à ce que son élève se développe avec la vigueur qu'il regarde si complaisamment chez ses voisins.

— Loin d'abandonner le malade, il le visite soir et matin, le débarrasse des insectes qui l'assiègent, l'ébourgeonne afin de ménager sa faiblesse, place contre lui un tuteur pour le soutenir, lui épargner la fatigue de son poids et le redresser au besoin; il va même avec d'infinies précautions jusque dans ses racines, chercher le ver qui s'y est attaché, le ronge et absorbe sa substance. Et quel n'est pas son contentement lorsque, après d'assidus labeurs, il contemple l'arbuste chétif, devenu grand et vigoureux, couvert d'une végétation luxuriante et de fruits abondants. »

Nous demanderons, en terminant ces citations, quel est l'écrivain, le moraliste qui refuserait de signer ces pages?

.... Mais la phase la plus remarquable de la vie de M. Lemaire fut sans contredit sa conduite, vraiment au-dessus de tout éloge, pendant la guerre néfaste de 1870-71. Lui-même dans un rapport très volumineux adressé à l'Administration nous en a laissé l'intéressant récit. On le vit relever le courage ébranlé de tout son personnel, se mettre malgré des difficultés inouïes, en relation directe avec tous ses agents qui avaient si grand besoin d'être guidés et soutenus, activer le zèle de ceux qui faisaient trop bon marché de leur devoir en face de l'invasion, ce qu'il fait dans des termes d'une juste sévérité, parfois sanglants. On le vit encore procurer l'évasion de la femme du préfet, restée seule au milieu des Prussiens, lorsque son mari eut été emmené captif en Allemagne, obtenir un sauf-conduit pour elle et pour lui et la ramener au sein de sa famille, contribuer enfin à sauver la ville de Laon en se portant garant de la tranquillité des habitants.

Lorsque la ville et le territoire du chef-lieu furent envahis, M. Lemaire se replie sur Saint-Quentin, d'où il continue de diriger les employés des différentes recettes avec lesquels il peut encore se mettre en rapport; plusieurs fois dénoncé, recherché, sur le point d'être découvert, il échappe aux Prussiens d'une façon toute providentielle. En dépit de tous les obstacles qui se dressent devant lui, il ne cesse de penser aux intérêts du Trésor, il fait percevoir tous les droits possibles ; et grâce à lui bon nombre d'agents des diverses administrations peuvent toucher leur traitement sans lequel beaucoup eussent été bien malheureux.

Aussi, dès le mois de décembre 1870, M. Lemaire fut promu directeur de première classe, et, deux ans plus tard, nommé chevalier de la Légion d'honneur. Dans ces deux circonstances, et d'autres semblables, il put apprécier à quel degré il jouissait de l'estime de tous ceux qui le connaissaient ou qui étaient sous ses ordres. Les félicitations les plus vraies et les plus chaleureuses lui arrivèrent de toutes parts, et il n'en est pas une seule, dans laquelle vous ne retrouveriez ces pensées sous une forme ou sous une autre : « Je chercherais en vain des termes pour vous exprimer tout le bonheur et le ravissement que j'ai ressentis à la nouvelle de la récompense qui vient de vous être accordée. Cette fois, me suis-je dit, la croix n'est pas donnée au hasard, mais bien à l'équité et au vrai mérite. Dois-je ajouter que tous vos subordonnés qui ont su appré-

cier vos rares qualités sont dans une véritable jubilation. »

« Je viens de voir, dans le *Moniteur*, lui
écrit un autre, votre nomination au grade de
chevalier de la Légion d'honneur. Cette nomination qui est la juste récompense des
grands services que vous avez rendus au
Trésor, surtout pendant la guerre, m'a fait
tant de plaisir que je m'empresse de joindre
mes félicitations à celles que ne manqueront
pas de vous adresser toutes les personnes
qui ont eu, comme moi, l'honneur de faire
votre connaissance et d'apprécier vos rares
qualités... »

Un autre félicite, de la distinction dont il
est l'objet, l'énergique directeur, qui avait
failli être fait prisonnier par les Prussiens,
en raison de son obstination à continuer de
faire rentrer, dans les caisses du Trésor
français, les droits qui lui étaient dus.

Un conseiller d'État, porteur d'un nom
illustre, lui adresse avec sa carte ce simple
mot qui en dit peut-être plus encore que
tout le reste : Enfin ! — Ce mot ne dit-il pas
en effet tout ce que renferment les lignes

suivantes signées elles-mêmes d'un nom très
honorablement connu dans le département
de l'Aisne : « Je vous félicite de tout cœur
de la distinction que vous venez d'obtenir.
Elle vous était due depuis longtemps et j'ai
maintes fois regretté qu'elle se fît autant attendre. Enfin justice vous est rendue, et je
m'en réjouis vivement. »

Quant à M. Lemaire, « ce qui le touche en
particulier dans la distinction dont il est
honoré, c'est qu'il lui est permis d'y ratta-
cher le souvenir des services qu'il a rendus
pendant la guerre, en affrontant les défenses
de l'ennemi et en s'exposant à ses rigueurs. »

Il n'y a rien qui doive surprendre dans
tous ces témoignages, quand on sait à quel
point M. Lemaire avait su se faire apprécier
comme fonctionnaire et aimer comme chef,
quelle influence heureuse il conquérait bien
vite sur les hommes qu'il avait le devoir de
diriger ! Dieu seul sait avec quelle paternité
et quelle fermeté tout à la fois il savait re-
mettre dans le droit chemin ceux qui s'en
écartaient. Lui seul aussi connaît le nombre
des veuves et des orphelins dont il a pris en

mains les intérêts auprès de l'Administration. S'agissait-il d'éveiller chez les hommes la grande pensée du devoir, devoirs de fonctionnaire, de père et d'époux, il employait le plus souvent les idées religieuses, les motifs que présente la foi : *témoignage d'une âme naturellement chrétienne*, et prédisposée à recevoir, comme nous le verrons à la fin de sa vie, l'abondance des grâces de Dieu.

De son côté, M. Lemaire ne voulut pas que les employés sous ses ordres se regardassent comme étrangers à la distinction honorifique qui lui était décernée, mais au contraire qu'ils se regardassent tous comme décorés dans sa personne. Voici la circulaire qu'il leur adressait à cette occasion : « Un décret du 4 janvier m'a nommé chevalier de la Légion d'honneur, pour services rendus pendant la guerre. En recevant cette précieuse distinction, ma première pensée, une pensée d'affectueuse gratitude, est allée vers vous qui, au milieu des plus douloureux événements, lorsque chaque jour faisait surgir une épreuve nouvelle, avez obéi à ma voix avec courage, avec intelligence, avec le

plus louable dévoûment, vous plaçant au-
dessus du péril que votre action, condamnée
par l'ennemi, vous faisait courir. Je vous ai
montré où était le devoir professionnel, et
vous avez puisé dans votre patriotisme la
force de l'accomplir. Aussi, je vous associe
de grand cœur à la récompense honorifique
qui m'est accordée, et votre concours qui a
été si profitable à l'État est le plus cher souvenir que me laissera ma longue carrière. »

Cette carrière, vû surtout son humble
point de départ, paraissait être arrivée au
terme qu'elle devait avoir. Hiérarchique-
ment, M. Lemaire ne pouvait plus rien attendre, et, de fait, il n'attendait plus rien,
se trouvait heureux « n'ayant plus rien à
désirer, disait-il, qu'une meilleure santé pour
sa chère fille Berthe, vouée depuis si longtemps à de cruelles souffrances. »

Mais le mérite réel, même quand il semble s'ignorer et se couvre du voile de la
modestie, finit tôt ou tard par percer, et
quand il atteint un degré aussi élevé qu'en
M. Lemaire, il finit par s'imposer. Le 3 mars
1874, M. Lemaire est appelé à l'Administra-

tion centrale à Paris, en qualité d'administrateur de la deuxième circonscription [1].
Cette haute distinction, à laquelle les directeurs départementaux ne peuvent jamais
prétendre, puisqu'elle est hors des lois ordi-
naires des avancements connus, fut accueillie
avec une véritable explosion de joie par tout
le personnel des contributions de l'Aisne, et
par les nombreux employés qui avaient
connu M. Lemaire dans le cours de sa
carrière.

Un grand nombre de ceux qui alors con-
trôleurs étaient devenus plus tard ses collègues comme directeurs, se font un devoir
de lui dire qu'ils le reconnaissent comme
l'auteur de leurs succès administratifs, parce
qu'il avait su les guider d'abord, et ensuite
mettre en lumière leur mérite. De tous les
points de la France arrivèrent à M. Lemaire
des lettres de félicitations, où la flatterie n'a

[1] Il est bon de dire ici, pour ceux qui ne connaissent
qu'imparfaitement l'Administration des contributions
indirectes, qu'elle ne comptait alors, sous l'autorité du
Ministre des finances, qu'un Directeur général et deux
administrateurs pour toute la France : il y a trois administrateurs aujourd'hui.

point de part, mais dans lesquelles on sent que tous sont heureux de la distinction qui lui arrive comme ils le seraient d'un événement qui serait personnel à chacun d'eux. Citons de nouveau quelques témoignages :

« Je viens d'apprendre, lui écrit-on d'Amiens, que vous êtes nommé administrateur. Cette haute distinction que vous confère le gouvernement est la juste récompense d'un mérite éminent et d'une rare aptitude que les employés qui ont eu l'honneur de servir sous vos ordres ont depuis longtemps appréciés. »

« Veuillez me permettre, lui écrit-on d'ailleurs, de vous exprimer toute la satisfaction, toute la joie, que je viens d'éprouver en apprenant les hautes fonctions auxquelles vous êtes appelé à Paris. Si le regret de perdre un chef juste et vénéré, dont les conseils paternels m'ont été si utiles depuis dix ans, pouvait être diminué, ce serait de savoir que, placé dans une position digne de lui, son action bienfaisante s'étendra sur tous, petits et grands, et que le travail et le mérite sont assurés d'avance de son appui. »

« Je suis persuadé, lui écrit-on de la Direction générale, que tous les employés, qui connaissent votre grand esprit de justice et votre incontestable valeur administrative, applaudiront avec enthousiasme au décret qui vous nomme à une position qui vous était réellement due et que vous occuperez si dignement. »

« J'apprends que vous êtes nommé administrateur, lui écrit un directeur départemental, et je tiens à vous envoyer mes bien sincères félicitations... Je suis très heureux de vous voir arriver à une position à laquelle tant de qualités vous désignaient...... Tous les employés verront avec une grande satisfaction la promotion du chef éclairé qui, par le travail, le constant accomplissement du devoir, a si bien mérité de parvenir de grade en grade, à une haute situation, qui, nous pouvons l'espérer, *le conduira à une autre plus élevée encore.* »

CHAPITRE IV.

M. Lemaire dut donc quitter la ville de
Laon. Ce ne fut pas sans regrets et sans émotion qu'il se sépara de ce personnel de l'Aisne
qu'il aimait, avec lequel il avait travaillé et
souffert pendant l'invasion. On sentit dans
ses adieux qu'il était surtout le père de ses
employés, que seule la pensée d'être utile et
secourable à de si dévoués collaborateurs
pouvait le consoler d'une séparation douloureuse. Ce ne fut pas non plus sans regrets,
on le devine aisément, qu'il s'éloigna de sa
fille et de son gendre, qu'il quitta tant d'amis
dévoués, tant de relations agréables ! On
verra bientôt combien ces regrets durent être

vrais et sincères ; car lorsque viendra le temps de la retraite, c'est à Laon que M. Lemaire voudra se retirer pour y finir ses jours.

Ce qu'il fit à Paris comme administrateur ne fut que la continuation, mais sur un théâtre beaucoup plus vaste, de ce qu'il avait toujours fait dès le début de sa carrière : l'accomplissement le plus consciencieux du devoir, la pratique de la plus équitable justice dans toutes les décisions à prendre.

Nommé administrateur le 3 mai 1874, M. Lemaire est promu, dès le mois de décembre de la même année, à la première classe de son grade, et le 9 août 1877 au grade d'officier de la Légion d'honneur. Il reçut de nouveau, dans cette dernière circonstance, des témoignages non équivoques de l'affection et de l'estime dont il jouissait auprès de tous ceux dont il était connu. Nous ne jugeons pas nécessaire de les reproduire ici après ceux qu'on a lus plus haut. Faisons exception pour ces quelques lignes :

« Il m'est difficile de vous exprimer tout le bonheur que cette bonne promotion m'a causé ; je ne serais certainement pas plus heureux, si personnellement je recevais une récompense semblable. Tous les employés de l'administration ont accueilli votre nomination avec la plus grande joie, et c'est avec une figure rayonnante que plusieurs de mes camarades, connaissant l'intérêt que vous voulez bien me porter, vinrent m'annoncer cette nouvelle. Aucune autre n'a jamais été mieux accueillie, j'en suis sûr ; c'est une véritable fête ! Vous avez su tellement vous faire aimer de tout le personnel, que vos collègues auraient presque le droit d'être jaloux. »

Éloigné de ses enfants, M. Lemaire aimait à se dédommager de leur absence en leur écrivant des lettres qu'il trouvait parfois le temps de faire aussi longues qu'aimables. On ne nous reprochera pas de citer celle-ci presque en entier ; elle est adressée à sa fille aînée, dont le mari, quittant la perception de Beaurieux, venait de prendre possession de celle de Crépy-en-Laonnois.

« Ta visite épistolaire, ma chère Éléonore, m'a fait grand plaisir, et je ne puis mieux te le prouver que par mon empressement à y répondre de la même manière, en attendant mieux.... Ce que tu me dis de la nouvelle perception confirme l'opinion que j'en avais : moins de communes, moins de parcelles aussi ; car il y a encore dans la circonscription d'assez nombreuses exploitations rurales importantes. — Ton mari ne peut manquer de trouver partout empressement, bonne grâce et sympathie. Ce ne sera qu'une réciprocité de ce qu'il saura si bien distribuer à tous, grands et petits, riches et pauvres.

« La montagne de Brie, que tu me rappelles, est en effet accidentée et laisse apercevoir de fort jolis aspects dans le beau vallon de Fourdrain, des points de vue plus sévères, mais non sans grandeur, du côté de Saint-Nicolas et de la forêt de Saint-Gobain. Du côté de Vivaise et Aulnois, c'est la plaine, mais la plaine avec des horizons lointains qui en atténuent la monotonie. Bucy et Cerny ont quelques ombrages. Somme toute, c'est une belle circonscription.

« Je n'ai habité Crépy que pendant sept mois, (de septembre 1844 à août 1845). Ce temps est loin de nous. Je débutais dans le grade de receveur, et tu n'étais pas alors, chère bonne petite, un grand personnage ! A cette époque les chemins étaient affreux, et, même en selle, il était souvent fort difficile de se tirer des boues et des fondrières. La route de La Fère jusqu'à l'entrée de Crépy du côté de Vertefeuille était dans un tel état de dégradation qu'on en était réduit à boucher les trous avec des fagots. — Pour les employés des contributions indirectes la circonscription était très étendue ; ils allaient jusqu'aux portes de La Fère, à peu de distance de Crépy.

« Tu as laissé en quittant Beaurieux de doux et durables souvenirs, et ce n'est pas sans regrets qu'on perd des relations de chaque jour, on pourrait dire de toutes les heures, si charmantes par leur affectueuse confiance. — A Crépy, les mêmes éléments de société n'existent pas, cependant il y a dans cette localité des gens bien élevés. Mais ils ont des occupations, des intérêts militants qui appellent constamment leur sollicitude ; tandis qu'à Beaurieux les amis que vous y avez sont des gens de loisirs qui ont été heureux de rencontrer dans votre éducation, dans vos sentiments, une foule de bonnes choses dont ils ont profité, tout en vous faisant profiter vous-mêmes de leurs éminentes qualités. Si je puis prévoir avec quelque justesse, je crois que votre existence trouvera à Crépy moins d'intimité, mais une variété plus grande, qui s'accroîtra encore du voisinage de Laon.

« Je suis presque confus, ma chère Éléonore, de te faire une si longue visite ; je crains d'avoir dépassé la limite des convenances ; mais il faut être indulgent aussi bien envers le vieillard qui radote qu'à l'égard de l'enfant qui babille. Tu ne te plaindras donc pas, et, ne fut-ce que par charité, tu me supporteras jusqu'à la fin.

« Embrasse pour moi ton cher mari, et crois à la tendresse de ton père, ton plus vieil ami. »

En 1880, M. Lemaire était admis à faire valoir ses droits à la retraite ; il vint en jouir à Laon où l'attiraient d'anciens et bons amis, et où le voisinage de ses enfants, qui alors habitaient tous Crépy, assurait à ses dernières années ces joies de la famille qui lui étaient chères entre toutes. Là, jusqu'à sa mort, c'est-à-dire durant plus de dix années, il utilise admirablement ses loisirs, soit par son dévoûment aux siens, soit par ses aimables attentions pour des amis malades, soit en rendant mille services à ceux qui se recommandent à lui, soit en prenant part aux œuvres qui sollicitent le secours de ses lumières et de son expérience.

C'est ainsi qu'il prête son concours éclairé à l'administration de la caisse d'épargne, à l'organisation si nécessaire des écoles libres, et enfin dans ces derniers temps à la réorganisation de la société du *Journal de l'Aisne*, où sa mort a laissé un si grand vide et a été si vivement sentie : témoin l'éloge si flatteur que fit de lui, dans la première séance qui suivit sa mort, un administrateur éminent de cette société, M. Jacquemart, décédé lui-même au cours de cette année. — C'est aussi à son énergique intervention que l'hospice de Montreuil-sous-Laon doit le maintien des religieuses qui le desservent. Il avait laissé à ses pieuses servantes des pauvres le souvenir d'une si touchante bienveillance et d'un si complet dévoûment qu'elles le pleurèrent vraiment comme un père. Ceux qui savent à quel point M. Lemaire savait se donner ne trouveront pas ce sentiment exagéré.

Mais, c'est surtout aux siens, à ses enfants et petits enfants, que M. Lemaire se donnait sans mesure. Quelques lettres, écrites par lui dans des circonstances particulièrement touchantes, achèveront de révéler ce cœur si tendre et si aimant et cette intelligence qui abordait avec aisance tous les sujets. Son petit-fils lui ayant fait part, après plusieurs années d'hésitation, de son intention bien arrêtée d'embrasser la carrière ecclésiastique, il lui écrit :

« Mon cher enfant,

« La communication que tu viens de nous faire, à ta grand'mère et à moi, est de la plus haute gravité. Je suis convaincu que ton retour à une vocation que tu semblais avoir abandonnée irrévocablement, est le résultat

tat heureux des plus sérieuses réflexions. Maintes fois depuis deux ans, ta raison a interrogé ton cœur dans ses sentiments les plus intimes, et puisque tes méditations t'ont conduit à découvrir la route que tu es appelé à suivre dans cette vie terrestre, si pleine pour tous d'agitations, de rudes labeurs et de tribulations, je ne puis que t'en féliciter et m'en applaudir.

« Toutefois, si convaincu que je sois de la fermeté de ta résolution, je ne crois pas devoir me dispenser de te dire que l'état ecclésiastique réclame de ceux qui se soumettent à sa discipline, des vertus spéciales, à la fois plus hautes et plus sévères que celles qu'on est en droit d'attendre d'un honnête homme dans la vie ordinaire. Ces vertus consistent dans le renoncement absolu de soi-même, une pureté de mœurs qui n'admet aucune défaillance, une charité que rien ne doit arrêter ni décourager, celle qui montre, au prêtre, Dieu dans le prochain si misérable qu'il puisse être.

« Je suis peu compétent, mon cher enfant, pour parler sur ces délicates matières, mais tu as pour te guider et t'affermir dans ta voie les conseils d'hommes éminents par leur expérience, leur sagesse, leur érudition, qui sauront pénétrer au plus profond de toi-même et apprécier si ta pensée féconde doit produire de bons fruits. Interroge ces amis dévoués de ta jeunesse, soumets-toi avec docilité aux conseils et aux instructions qu'ils croiront devoir te donner, afin d'être, si tu persévères, bien préparé aux épreuves de la vie du séminaire, que tu sauras, je l'espère, accepter avec courage et humilité, dans un parfait esprit de soumission à la règle.

« Ta grand'mère t'envoie ses plus tendres encouragements, auxquels je veux ajouter, mon cher enfant, les vœux les plus ardents, pour que tu deviennes, avec le temps, digne à tous égards de la sainte mission dont tu acceptes à l'avance tous les devoirs, librement, sans exception ni réserve.

« Je t'embrasse de cœur.

« LEMAIRE. »

Cette lettre est du mois d'août 1888, au mois d'octobre suivant, le petit-fils entrait

au Séminaire d'Issy pour y faire sa philosophie ; la sollicitude de son grand-père l'y
suivait, et dès les premiers jours de l'année
scolaire, il recevait de lui cette seconde
lettre :

« Mon cher enfant,

« Dans l'expression de tes sentiments à ton
entrée au grand séminaire d'Issy, je vois que
tu sens et que tu comprends tout ce qu'a *de
sérieux et d'élevé* la carrière que tu veux
embrasser. A proprement parler, ce n'est
pas une carrière, c'est une *mission*, dont tu
apprécieras la hauteur mystérieuse, à mesure que tu avanceras dans la science et
dans la vertu. Si l'esprit a peine à se soumettre, s'il est hésitant, parfois rebelle,
pourvu que la volonté soit saine et vigou-
reuse, elle triomphe des imperfections que
tous nous avons au dedans de nous-mêmes.
Tu as traversé une phase difficile, et comme
le métal sort pur, incorruptible, du creuset,
tu vas avec calme, avec sérénité, vers le but
que tu as donné pour fin à ta vie terrestre.

Ce n'est pas à dire que tu sois, dès à présent, à l'abri des défaillances auxquelles notre nature est exposée ; tu auras à lutter ; mais la lutte généreusement soutenue aboutit au triomphe, et tu apprendras que le plus grand triomphe est celui que l'homme remporte sur lui-même, modestement, sans autre témoin que sa conscience. »

Un prêtre, exercé dans la conduite des élèves mêmes du sanctuaire, dirait difficilement mieux. Ce qui n'est pas moins vrai pour les lignes qui suivent :

« Tes premiers pas dans l'étude de la philosophie te sembleront peut-être hérissés de difficultés ; les commencements sont arides ; mais tu trouveras bientôt de grandes douceurs, un véritable charme dans ces hautes études. Plus tard, par ta persévérante application, tu mériteras d'entrer, pour ainsi dire, dans l'intimité du grand Docteur du moyen âge qui a si bien compris les besoins de la société humaine, que sa doctrine, au milieu des utopies modernes, est toujours la vraie lumière.

« Mon bon ami, Monsieur le chanoine Demiselle, mort au commencement de cette année, se nourrissait de la doctrine de saint Thomas. Je n'ai jamais été une fois dans son cabinet, sans y trouver ouverte la *Somme*. « Tout est là, » me disait-il ; et il goûtait une infinie douceur dans cette lecture et dans les méditations qu'elle lui suggérait.

« Je laisse à ta grand'mère le plaisir de causer avec toi, et je te quitte en t'embrassant avec la tendresse d'un vieux grand père. »

A quelque temps de là, M. et Mme Lemaire célébraient le cinquantième anniversaire de leur mariage. A son petit-fils encore, qui lui avait envoyé ses plus amoureuses félicitations, M. Lemaire répondait par cette lettre où l'on retrouve, en même temps que sa tendre affection pour les siens, les idées sérieuses qui dominaient toujours chez lui :

« Au nom de ta grand'mère et au mien, je viens te remercier de tes vœux à l'occasion de ce qu'on est convenu d'appeler *les noces d'or*.

« En reportant ma pensée sur cette longue suite d'années, je me demande si je n'aurais pu mieux employer le temps qui m'était donné. Sans doute, malgré les efforts de ma volonté, je n'ai pas toujours su me soustraire à certaines défaillances qui sont le propre de notre nature infirme ; mais du moins j'ai bien aimé mes enfants et je n'ai cessé de travailler pour eux. Leur tendresse, celle que tu me témoignes toi-même me sont une bien douce récompense dont mon cœur est vivement touché.

« Lorsque l'homme a terminé sa carrière militante, que l'heure du repos a sonné pour lui, il n'a plus qu'un souci : suivre avec les yeux de l'esprit et du cœur, la marche de ceux qui entrent dans la vie et qui lui sont chers. Il est comme le voyageur arrivé au terme de sa course ; il contemple le chemin qu'il a parcouru, signalant à ceux qui se dirigent vers le même but les obstacles et les dangers de la route, souffrant cruellement, surtout s'il s'agit de ceux qu'il aime, lorsqu'il voit méconnus et méprisés ses avertissements affectueux et désintéressés !

« A l'âge où tu es parvenu, il faut que tu regardes toujours devant toi, t'attachant à *remplir modestement les devoirs que chaque jour apporte avec soi*. Si ta pensée se porte vers le passé, t'inspire des regrets (et qui n'en a pas en y songeant ?) ne te laisse pas aller à un accablement qui paralyserait tes moyens d'action dans le présent et compromettrait l'avenir. Le passé si regrettable qu'il puisse être, ne peut être ressaisi, mais il éclaire le présent ; et, en en évoquant le souvenir, on y trouve une sauvegarde contre de nouvelles tentations et de nouvelles erreurs. »

« Je te quitte en t'embrassant avec mon cœur de grand-père. »

D'autre part Mme Lemaire adressait à ses filles, en réponse à leur vœux, une lettre où son affection maternelle se révélait d'une manière non moins touchante, et M. Lemaire ajoutait : « Quoique mes sentiments aient été exprimés, mieux que je ne saurais le faire, par la meilleure moitié du vieux ménage (vieux style) je viens par un mot vous dire avec simplicité que si je vous ai aimées jusqu'ici de toute la tendresse qui est en moi, il reste dans mon vieux cœur un foyer de chaleureux amour qui ne s'éteindra qu'avec mon dernier souffle. En cela, je le sens, je suis votre obligé, car je vous dois une infinie reconnaissance pour toutes les joies dont vous avez embelli ma vie. Merci donc et du fond du cœur merci. »

Le cœur si aimant du grand-père se révèle d'une manière non moins délicate et non moins touchante dans ces quelques lignes adressées à son petit-fils, à la suite d'un court séjour que celui-ci avait fait à la maison paternelle, et dont il lui avait témoigné sa joie reconnaissante.

« C'est avec un sentiment bien doux, bien reposant pour le cœur, que ta grand'mère et moi avons reçu l'expression du contentement que t'a fait éprouver ton trop court séjour dans notre paisible intimité. Une confiance absolue qu'aucune ombre de circonspection ne voilait, présidait à nos causeries, et c'est là le vrai, le seul charme réel des

relations. A l'âge d'homme où tu es parvenu, avec un esprit juste et un cœur droit, on
apprécie équitablement le passé parfois douloureux qui, sous des influences contraires,
a assombri et troublé la jeunesse et l'adoles-
cence. De ce passé il ne doit rester dans ton
souvenir qu'un enseignement, qui te mettra
en garde dans l'avenir, contre une trop
grande précipitation dans les jugements que
tu auras à porter sur les choses qui relève-
ront de ta compétence.

« Sans arrière pensée, tu jouis pleinement
de l'amour de ta mère, de l'affection profonde de tes grands parents. Tu as compris,
et mieux tu as senti, que faite d'abnégation
et du plus pur dévouement, cette affection ne
demande qu'à s'épancher dans les effusions
de la plus cordiale tendresse.

« C'est comme témoignage de cette vive
tendresse que je t'embrasse pour ta grand'-
mère et pour moi, te donnant la douce com-
mission de partager mes baisers avec ta
mère et ta tante.

« Ton vieil ami. »

CHAPITRE V

Après tout le bien que nous avons dit jusqu'ici de M. Lemaire, nous voudrions pouvoir ajouter qu'il était un chrétien complet, chrétien jusqu'à la pratique des devoirs religieux. Mais, hélas ! nous devons avouer au contraire qu'il n'était pas demeuré fidéle à la fréquentation des sacrements ; et comme il arrive d'ordinaire aux pauvres âmes qui ne ressemblent alors que trop à un navire désemparé, il n'avait pas conservé intacte la foi de ses jeunes années, cette foi simple et confiante qui croit si volontiers sur la parole de l'Église les plus profonds mystères.

Cette foi naïve, qui sort de la foi infuse au

baptême comme une fleur sort de sa tige, ceux qui deviennent plus tard incrédules la jugent de haut bien souvent, et loin de concevoir le moindre regret de l'avoir perdue, n'en parlent qu'avec dédain. Elle est cependant tout ce qu'il y a de plus raisonnable, et l'enfant lui-même peut aisément en rendre raison dès qu'on le juge capable de participer aux saints mystères. Il en est de même de la bonne femme du peuple, dont on plaisante si volontiers dans un certain monde.

Quoi qu'il en soit, et quelle qu'ait été l'influence qui l'ébranla dans l'esprit de M. Lemaire, il ne cessait d'en regretter la perte, et vous l'entendrez bientôt s'en plaindre amèrement. Bien loin de l'attaquer, s'il n'était pas suffisamment convaincu ou suffisamment éclairé pour défendre quelqu'une des vérités qu'elle enseigne, il ne répondait jamais que par le silence aux attaques dont elle pouvait être l'objet devant lui. Tout cela est si vrai, que fort longtemps ses enfants eux-mêmes, et les personnes de sa connaissance jusqu'à sa mort demeurèrent convaincues que M. Lemaire était un chrétien pratiquant. Et puis, la droiture de son cœur, son respect pour le prêtre et pour les choses de la religion, son assistance assidue, recueillie et *priante* à la messe du dimanche, voire même aux exercices pieux et aux instructions du Carême et du mois de Marie, qu'il omettait fort rarement, ne devaient-ils pas faire espérer à ceux qui l'aimaient, qu'un jour ou l'autre il reviendrait au Dieu de sa première communion ; et nul doute qu'alors il ne le fît comme dit la sainte Écriture : « De grand cœur et avec toute l'énergie de sa volonté. » Tel est le beau et consolant spectacle auquel il va nous être donné d'assister, et dont nous bénirons Dieu de tout notre cœur.

C'est au milieu des plus douces affections de famille, et en donnant le bonheur à tous ceux qui l'entouraient, que M. Lemaire est atteint par la maladie qui devait l'enlever trop rapidement à la tendresse des siens et à l'estime de tous ceux qui l'ont connu.

La maladie va trouver en lui une âme forte qui acceptera la souffrance avec résignation et courage. Dieu avait voulu qu'à diverses époques de sa vie, il fît un utile apprentissage de la douleur, et toujours on l'avait vu souffrir avec soumission. La mort de sa mère, en 1842, celle de son père en 1854, l'avaient profondément affligé, mais non abattu. Et quelles angoisses n'avait-il pas éprouvées en voyant son frère et sa belle-sœur, perdre dans la même année leurs deux fils, l'un âgé de vingt-deux ans, l'autre de dix-neuf, tous deux modèles accomplis des vertus de cet âge ! Quel chagrin aussi lorsque en 1885 il vit mourir son frère, qu'il aimait comme un autre lui-même. Tous trois, par bonheur, moururent de la mort des prédestinés, laissant au cœur de ceux qui les aimaient les seules consolations capables d'adoucir les amertumes de la dernière séparation.

Doué d'une constitution des plus robustes, M. Lemaire était arrivé à l'âge de 76 ans sans avoir éprouvé, depuis l'âge de sept ans, la plus petite indisposition et on pouvait espérer le conserver longtemps encore. Mais Dieu, qui en avait disposé autrement, allait l'appeler à lui après l'avoir préparé en quelques jours à la mort des saints.

Le 18 octobre 1891, dans une visite qu'il

rendait à l'un de ses vieux amis, M. Déjardin[1], de Montcornet, il prit froid et contracta le germe de la maladie qui devait l'emporter. Rentré vers le soir chez ses enfants, à Notre-Dame de Liesse, il dut immédiatement s'aliter. Le mal cependant ne parut pas d'abord avoir un caractère inquiétant. Les soins les plus empressés lui furent d'ailleurs prodigués avec ce dévoûment sans bornes qui fait souvent illusion à ceux-là mêmes qui touchent de plus près le malade.

Celui-ci y répondait avec une patience à toute épreuve, se soumettant sans mot dire à tout ce qu'on demandait de lui et ne cessant d'exprimer sa reconnaissance à ceux qui lui donnaient à chaque instant les plus touchants témoignages de leur tendresse. On pouvait voir dans ces dispositions le travail de la grâce, qui allait manifester en lui son admirable puissance, et imprimer dans son âme les marques les plus consolantes de la

---

[1] M. Déjardin, bien portant lui-même à cette époque, ne lui survécut que de quelques semaines; et nous savons que le spectacle de la mort de son ami ne contribua pas peu à lui procurer à lui-même la grâce d'une mort chrétienne.

prédestination. Les visites, toujours si bien
accueillies, des Pères Jésuites qui desservent
le sanctuaire de Notre-Dame de Liesse, et
celles de plusieurs autres prêtres de la ville,
en ramenant d'elles-mêmes ses pensées vers
la religion ou en les élevant vers Dieu, lui
fournissaient l'heureuse occasion de surna-
turaliser ses dispositions, humainement ex-
cellentes.

Au bout de quinze jours, une première
amélioration se manifestait, et l'on crut à une
convalescence. Aussi, le 4 novembre, sur l'a-
vis des médecins, on n'hésita pas à reconduire
à Laon le vénérable malade. Le voyage s'ac-
complit heureusement, et M. Lemaire content de se retrouver chez lui, où l'avait suivi
du reste sa fille aînée qui ne le quitta plus
un seul jour, continua d'aller mieux, au
point de faire concevoir l'espérance d'une
guérison prochaine.

Il put même écrire, à son gendre et à sa
seconde fille restée forcément à Liesse, clouée
qu'elle était depuis plusieurs années sur un
lit de douleur : « Mes chers enfants, je vous
écris collectivement. N'êtes-vous pas d'ail-

leurs unis dans ma pensée, de même que ma tendresse paternelle vous a dès long-temps placés dans mon cœur? Le médecin m'a trouvé un peu mieux : il compte me trouver demain en bonne voie. Je ne souffre pas et j'aurais mauvaise grâce à me plaindre. Ce qui m'attriste parfois, c'est que vos in-quiétudes sur ma santé troublent votre vie!... En voilà bien long sur mon pauvre individu. Je n'ai pas tout dit cependant, car votre mère me rappelle que je dois porter à votre connaissance une nouvelle très sé-rieuse, grave, imprévue, improbable, comme aurait dit Mme de Sévigné : *J'ai un gilet tricoté !*

« Je vous embrasse ensemble et séparé-ment.

« Votre vieux bête de père qui s'avise d'être malade. »

Mais, quelques jours s'étaient à peine écoulés, qu'une rechute survint et fit naître des inquiétudes plus sérieuses que les pre-mières. Les prières redoublèrent de ferveur, et les sacrifices, de générosité, s'il est possible, pour obtenir en faveur du pauvre malade la grâce si ardemment désirée de sa conversion. Dieu, qui a donné tant de puissance à la prière et qui lui a tout promis, ne pouvait résister plus longtemps. Un travail intime s'accomplissait dans l'âme du patient, et allait produire les plus heureux fruits. Toutefois, ceux qui l'entouraient n'avaient pas encore abordé avec lui la question des derniers sacrements; la prudence commande quelquefois cette réserve. Mais il est plus facile souvent d'y travailler de loin que de près.

Une lettre écrite au vénérable malade par son petit-fils, dont nous avons plusieurs fois parlé, fit sur lui une grande impression et amena les premières ouvertures. Nous la donnons tout entière.

« Mon cher grand papa,

« Ma mère m'a écrit de nouveau que tes souffrances étaient revenues, et que ton retour à la santé se trouvait retardé. J'en suis profondément peiné, tu n'en doutes pas, et sans cesse mon cœur est près de toi et prie pour toi.

« Je ne sais pourquoi, mais je me sens porté à croire que, pour amère qu'elle nous paraisse à tous, cette épreuve est une grâce insigne du bon Dieu. Tu me disais il y a plusieurs années : « La vérité, hélas ! est difficile à trouver ! » Et tu ajoutais quelques mots qui m'ont fait comprendre que, si tu n'avais plus la foi complète, cependant tu désirais vivement la recouvrer. Je sais que depuis longtemps tu as prié et mûrement réfléchi, approfondissant cette question dans toute la loyauté de ton cœur... Je n'ose te demander si tu crois maintenant que l'Église catholique seule est dépositaire de la vérité, et si, le croyant, tu acceptes tous les dogmes qu'elle nous enseigne, si tu observes fidèlement toutes ses lois, ou si au contraire cette question est encore pour toi à l'état de problème ? S'il en était ainsi, je t'en supplie, au nom de nous tous qui t'aimons tant, au nom de ton âme dont nous désirons si ardemment le salut, au nom de Notre-Seigneur Jésus-Christ, fils de Dieu, mort pour nous ouvrir le ciel, étudie encore et consulte. Dieu t'a peut-être envoyé cette maladie dans le but de t'éclairer et de te ramener à Lui. Consulte un prêtre savant et qui ait ta confiance ; et puis, prions ensemble le bon Dieu. Disons-lui : « Seigneur, faites que je voie, c'est-à-dire que je croie. » Et ensuite : « Je crois, Seigneur, mais aidez ma foi qui n'est presque que de l'incrédulité. » Je prie avec toi, grand-père, de toute l'ardeur de mon âme, avec tout l'amour que j'ai pour toi et qui seul a pu me décider à te dire ces choses. Mais j'ai cru qu'il fallait y aller franchement avec un cœur loyal comme le tien, sur une question de cette importance.

« Et quand même tu me serais étranger, ne m'appartenait-il pas, à moi qui dois être prêtre un jour, et à ce titre apôtre de la vérité et sauveur d'âmes, de te parler ce langage d'un si grand intérêt pour ton salut.

« Soyons unis, grand-père, dans une prière toute confiante en la bonté de Dieu.

« Je t'embrasse aussi tendrement que je t'aime. »

M. Lemaire, en écoutant la lecture de cette lettre, fut ému jusqu'aux larmes. En fallait-il davantage pour toucher un cœur aussi sensible et aussi droit que le sien ? Par cette ouverture la grâce allait couler à pleins bords dans cette âme généreuse, bientôt prête à tous les sacrifices. Il ne répondit cependant tout d'abord à ces lignes que par un silence recueilli, mais on ne tarda pas à s'apercevoir que Dieu accomplissait rapidement son œuvre, cette œuvre de conversion depuis si longtemps et si ardemment désirée par les âmes qui touchaient de plus près à celle du malade, et que leurs ferventes prières avaient tant de fois sollicitée dans le sanctuaire privilégié de Notre-Dame de Liesse.

Dieu du reste avait préparé au vieillard mourant, dans la personne d'un ami des anciens jours, celui qui devait être son guide et son consolateur dans cette dernière phase de sa vie, la plus courte mais sans contredit la plus fructueuse et la plus consolante, puisqu'elle allait si heureusement décider de son éternité. Nous avons nommé le digne et pieux Archiprêtre de Laon. Le vénérable M. Baton, qui pendant de longues années, à Saint-Martin d'abord, à la paroisse de la cathédrale ensuite, avait été son pasteur, qui avait dirigé ses filles, béni l'union de l'une d'elles, et dans lequel M. Lemaire aimait à voir revivre le divin Maître lui-même, pouvait en toute confiance aborder son lit de douleur.

Une première visite, dès le début de la maladie, à Notre-Dame de Liesse, avait été, est-il besoin de le dire, accueillie avec reconnaissance, et préparait celles qui, fréquemment répétées aussitôt le retour de M. Lemaire à Laon, devaient l'inviter discrètement à penser à Dieu et à son âme.

Un jour, c'était vers la mi-novembre, le malade avait dit à sa fille aînée, qui ne quittait guère son chevet : « J'ai besoin de voir M. l'Archiprêtre, non seulement comme ami, mais comme prêtre ; je ne veux pas attendre ma guérison pour lui parler. » Et le lendemain, en effet, il exprimait à M. l'Archiprêtre lui-même le désir d'avoir avec lui un entretien intime : « Ah ! M. l'Archiprêtre, mon ami, mon père, (il employait tantôt une expression, tantôt l'autre, mais de préférence la dernière) c'est que j'ai beaucoup de choses à vous dire, ce sera long ! Il faut remonter bien haut ! » Et ce même jour il commençait sa confession dans des sentiments de sincère humilité et avec la simplicité d'un enfant.

Il ne voulut pas cependant, malgré le grand désir qu'il avait d'être réconcilié avec Dieu, recevoir ce jour-là l'absolution, mais revoir son confesseur le lendemain, « tant il craignait, disait-il, d'avoir oublié quelque chose, et de n'être pas digne encore de pardon ! »

Celle de ses enfants, qui fut témoin de ses sentiments et en reçut l'expression à la suite de cette première entrevue, s'écriait avec transport : « En quelques heures, notre père était devenu un vrai saint ! — Mon Dieu, vous remercierons-nous jamais assez ? — Oh ! de grâce, si l'heure du sacrifice doit bientôt sonner pour nous, ne permettez pas que nos cœurs sachent dire autre chose qu'amour et reconnaissance ! »

Le lendemain du jour où il avait terminé sa confession, le 20 novembre au soir, arrivait près de lui, son petit-fils. Le pieux malade, déjà tout métamorphosé par le sacrement de Pénitence, éprouvait une joie qu'il ne savait comment exprimer, et qui en effet n'est pas de la terre : « Mon enfant, mon enfant, lui dit-il avec des larmes dans la voix, es-tu content de moi ? » — « Oh ! oui, père, répondit le jeune homme, et le bon Dieu l'est bien plus encore. » M. Lemaire laissa alors échapper de ses lèvres les paroles les plus touchantes, expression des sentiments de reconnaissance et d'amour dont débordait son âme, et il terminait en s'écriant : « Hélas ! je ne suis rien, rien qu'un misérable pécheur. Que Dieu est donc bon !.. Je vais le recevoir demain, mais mon cœur est trop petit pour le contenir ! »

« Oui, c'est demain, ajoutait-il, le beau jour, le jour où je recevrai la grande visite ! » Et comme on avait dressé dans sa chambre un bel autel, chargé de fleurs et tout resplendissant de flambeaux : « Père, est-ce bien comme cela ? » lui demanda sa fille :

« Oh oui !... répondit-il, cet autel est bien beau, mais il ne l'est pas trop pour celui qui doit s'y arrêter !... mais, mon cœur est bien pauvre ! »

CHAPITRE VI

Le lendemain donc, 21 novembre, fête de la Présentation de la Très Sainte Vierge, le pieux malade reçut le sacrement de l'Eucharistie, si bien appelé pour les malades le saint Viatique, ce viatique des mourants qui les aide à franchir le seuil de l'Éternité. « Quelle fête de la terre et du ciel, écrit une personne témoin de cette cérémonie ! notre cher malade a été admirable ! après avoir récité à haute voix les actes préparatoires, il demanda pardon à toutes les personnes présentes, même à sa domestique : « Oui, lui dit-il d'un ton plein de conviction, oui, j'ai été un misérable maître, je ne vous ai pas donné l'exemple du premier des devoirs. »

Combien de maîtres, hélas! pourraient au terme de la vie s'adresser le même reproche, et ne songent à rien moins qu'à s'accuser du scandale qu'ils ont donné à ceux dont ils avaient la garde presque à l'égal de leurs enfants.

Profondément pénétré de la sainteté de l'auguste sacrement auquel il avait eu le bonheur de participer, il exprimait à tout instant les sentiments d'admiration et d'humilité dont son cœur était rempli, répétant sans cesse du ton le plus pénétré : « Je ne suis rien, absolument rien qu'un indigne pécheur! » — Puis, manifestant ainsi la sincérité de sa conversion, ce qui laisse trop souvent, hélas! pour la plupart des mourants, des doutes si poignants au cœur du prêtre qui les assiste : « Oui, disait-il avec toute l'énergie dont il était capable, toujours à l'avenir, je remplirai mes devoirs religieux. Je ne désire vivre que pour donner cet exemple à tous ceux que j'ai pu scandaliser en m'en éloignant. Je crois fermement tout ce que croit l'Église, je me soumets à tout ce qu'elle prescrit. Et ce n'est pas la crainte de la mort qui me fait parler ainsi, mais bien une conviction profonde. »

Puis, se rappelant que c'était l'orgueil de sa raison qui avait été pour lui la cause fatale de la perte de la foi, il n'hésitait pas à lui dire anathème : « Arrière, s'écriait-il avec la plus énergique conviction, arrière ma raison. Elle m'a trompé ! Plus de raisonnements. Je me soumets de grand cœur à tout ce que l'Église nous enseigne !... Eh quoi ! Ce que les Ambroise, les Grégoire-le-Grand, les Bossuet, les Bourdaloue, et tant d'autres grands génies ont cru, j'en doutais ! Je n'étais donc qu'un orgueilleux ! — Mon Dieu, pardonnez à un indigne pécheur ! »

La raison dans mes vers, disait Racine fils, *conduit l'homme à la foi*. Bien dirigée, elle l'y conduit sûrement en effet, et c'est là sans contredit sa première mission, son plus grand honneur. Mais, si elle se laisse elle-même dévoyer par l'orgueil (ce qui n'arrive, hélas ! que trop souvent) elle ne peut alors qu'éloigner l'homme des vérités surnaturelles et des devoirs qui en découlent, des sources fécondes de la grâce qui sont les sacrements, du salut qui est le but suprême de la vie.

D'autres fois on entendait le pieux malade s'écrier :

« Mon Dieu, je vous donne mon esprit, ma volonté, mon cœur, ma vie; tout ce que je possède *de pas trop mauvais* en moi. Je me mets, Seigneur, dans vos bras étendus sur la croix, où vous avez tant souffert pour expier mes péchés et m'en mériter le pardon! »

« Je me demande, ajoutait-il, comment Dieu est assez bon pour bien vouloir d'une pauvre créature comme moi, qui ne suis rien, rien, absolument rien. Aussi, je me soumets à tout, j'accepte tout ce que sa divine volonté décidera à mon égard. »

« Mon Dieu, je vous offre mes souffrances pour l'expiation de mes péchés ! Je vous abandonne mon corps, faites-en pour le mieux. »

Il lui revenait sans doute de temps en temps des tentations contre la foi au sujet de quelques-uns de nos mystères, car on l'a entendu aussi répéter à plusieurs reprises : « Je ne comprends pas le mystère de l'Eucharistie. Mais je n'ai pas le droit de sonder le secret dont Dieu s'entoure dans ce sacrement, et je crois de toute la force de ma volonté. » — « Hélas ! que ne puis-je me lever pour recevoir mon Dieu, disait-il le jour où il eut le bonheur de communier de nouveau, c'est à genoux et la tête couverte de cendre que mon Maître devrait me trouver ! » — « Ma chère femme, disait-il encore, il n'y avait qu'une chose qui nous séparât. Elle n'existe plus ; je suis heureux ! »

Sa plus grande joie, après la visite de Jésus Eucharistique, était la visite du pasteur charitable qui l'avait si heureusement ramené au bercail. Et ces visites étaient quotidiennes; dans les derniers jours, plus fréquentes encore ! Rien de plus touchant que les paroles qui s'échangeaient alors entre le vénérable archiprêtre et son fils spirituel. Souvent, avant de quitter le malade, le zélé pasteur s'agenouillait au pied de sa couche et priait avec lui, lui suggérant les sentiments les plus propres à accroître la ferveur de ses dispositions, et lui faisant renouveler adroitement les actes de foi aux vérités les plus élevées de la religion. Ce n'était jamais sans une grande émotion mutuelle qu'on se séparait, ni sans exprimer l'espoir de se revoir au plus tôt.

Non content de revenir si sincèrement et du fond du cœur au Dieu de son jeune âge, et de donner une si grande édification aux personnes de sa famille, M. Lemaire n'hésitait pas à se faire apôtre auprès de ceux qui le visitaient sur son lit de douleur. Un de ses plus intimes amis l'étant venu voir peu après sa première communion en viatique, il en profita pour lui dire : « Mon ami, malgré mes souffrances, je suis bien tranquille. Vous savez, mon cher ami, j'ai vu M. l'Archiprêtre ; il a été bien bon. Je me suis confessé, j'ai fait la sainte communion ; je suis en paix. » Et lorsque son ami se fut retiré, il ne cacha pas à ceux qui l'entouraient dans quel but il lui avait adressé ces paroles.

M. Lemaire disait vrai ; il était aisé de lire sur ses traits qu'il était bien réellement dans la paix et la sécurité du juste, et qu'il pouvait attendre la mort avec une douce assurance : « S'il faut faire le grand voyage, disait-il à son petit-fils, je suis prêt, la mort ne m'effraie pas. J'offre ma vie en réparation de mes fautes. Du reste, vivants ou morts, nous ne sommes jamais que ce que le bon Dieu veut que nous soyons. » Touchante traduction du mot de saint Paul : *Sive enim vivimus, Domino vivimus ; sive morimur, Domino morimur.*

« Après moi, ajoutait-il, mes enfants n'auront pas besoin d'un travail mercenaire pour vivre. Qu'ils travaillent à leur salut ; c'est la seule chose importante. Bien fous sont ceux qui le négligent.... Pour moi, j'ai eu le malheur de donner publiquement le scandale de le négliger, oh ! que je voudrais offrir au monde une réparation publique ! »

« Père, lui disait un jour sa fille en lui essuyant le front et la tête, que de bosses tu as sur le haut de la tête, ce sont sans doute celles de tes qualités. » — « Je ne sais, répondit-il, mais hélas ! ce qui est certain, c'est qu'il y a celle de ma volonté qui s'est égarée loin de

Dieu.... Et cependant, quel bonheur ne m'a-t-il pas accordé par mes enfants. Oh ! je l'en remercie, et je le lui offre : Oui, ô mon Dieu, c'est de vous que je le tenais ; et maintenant, comme à Abraham, vous me demandez le sacrifice de mes enfants eux-mêmes ; je vous le fais de grand cœur. »

Ces entretiens du pieux malade répandaient autour de lui un parfum d'inexprimable édification, qui réjouissait grandement toutes les personnes présentes. Aussi, quelle privation pour sa fille cadette d'en être privée, elle qui de son côté était depuis si longtemps couchée sur la croix ! Écrivant à sa mère pour la consoler dans sa cruelle épreuve, elle lui disait : « Si tu savais que j'ai le cœur brisé de n'être pas près de vous dans un pareil moment! Dieu seul peut le comprendre. Mais j'offre tout cela pour mon père bien-aimé, pour toi, pauvre mère si fort éprouvée!..... Que je souffre de ne pas voir mon père, de ne pas entendre sortir de ses lèvres les belles et bonnes choses qu'il sait dire si bien !... Et puis, je voudrais tant le soulager, lui donner tout ce qu'il peut désirer.

Mais je suis impuissante, pauvre père chéri !
Dis-lui que je l'aime de plus en plus et que
je fais sans cesse la conversation avec son
portrait !... »

Plusieurs fois déjà nous avons cité du vénérable malade des traits touchants d'humilité, nous ne finirions pas si nous voulions
les faire connaître tous. Cette vertu, en quelques heures, avait atteint chez lui des pro-
portions admirables. A peine converti, il ne
trouvait plus d'expressions assez viles et
assez basses pour manifester le mépris qu'il
avait de lui-même en présence de Dieu :
« Dieu est si grand ! disait-il, et moi je suis
une créature si petite, si misérable ! » Et il
parlait alors, dit une personne qui l'assistait,
avec une telle conviction, qu'il semblait que
Dieu lui montrait clairement et en vérité sa
grandeur infinie et la petitesse de l'homme.
Oui, il était admirable de voir, dans cette
âme qui se donnait à Dieu sans réserve,
l'action sensible de la grâce se manifestant
surtout par l'humilité, le détachement de
soi-même et des biens de ce monde.

Sa résignation à la divine volonté n'était

pas moins parfaite. C'était elle qui, dans les moments les plus pénibles et les plus douloureux, lui faisait dire avec amour : « Dieu a tout pouvoir sur moi, je suis sa créature ! Mon Dieu, que votre volonté soit faite. » — Et lorsque la souffrance était plus vive encore, il lui arrivait de s'écrier : « Mon Dieu, que je suis donc malheureux ! » Puis, il ajoutait aussitôt : « Mais si vous voulez que je souffre encore davantage je le veux bien aussi. Seulement, ayez pitié de moi, mon Dieu, aidez-moi. » Et d'autres fois : « Mon Dieu, je vous offre mes souffrances en union avec celles de votre divin fils qui est mort sur la croix pour me sauver, lui victime innocente, moi misérable créature. »

Nous pourrions citer aussi de lui des traits non moins édifiants de mortification. Durant toute l'après-midi du jour où il devait communier pour la seconde fois, il eut le courage, malgré une soif dévorante, d'éloigner, après y avoir seulement humecté ses lèvres, le verre où on lui présentait une potion agréable, en disant à la sœur qui le soignait : « Oui, ma sœur, c'est bon ; mais c'est trop bon *pour aujourd'hui.* » « Enfin, continue la personne de qui nous tenons ces détails, je ne finirais pas si je voulais redire et son amour pour la prière, et sa résignation à accepter la mort, et sa foi de chrétien, qui se manifestait à chaque instant, qui se produisit même au milieu du délire des derniers jours, et sa complète soumission à l'égard des personnes qui le soignaient. Il semblait avoir fait le sacrifice de sa volonté propre pour la soumettre entièrement à celle des autres. Il se prêtait sans la moindre observation à tout ce qu'on demandait de lui, se laissait faire sans mot dire les pansements les plus douloureux, offrant à Dieu les souffrances qu'ils lui occasionnaient et retenant ses plaintes pour ne faire entendre à ses gardes-malades qu'un affectueux merci.

Je n'oublierai jamais cependant l'expression de vive douleur peinte sur ses traits à certains jours plus laborieux. Au moment où nous allions lui donner des soins fort difficiles, il joignait les mains d'un air suppliant et nous conjurait de lui laisser un peu

de repos ; puis après quelques courtes mi-
nutes d'hésitation, il appelait ses anges gar-
diens visibles et leur disait résolûment : « Me
voici, je suis prêt : faites tout ce que vous
voudrez ; je veux vous obéir. » Puis, avec
la meilleure grâce du monde, il se remettait
entre nos mains, faisant des efforts inouïs
pour rendre la besogne moins pénible pour
celles qui le soignaient.

Et lorsqu'il souffrait de son impuissance
et des misères occasionnées par la maladie :
« Mon Dieu, s'écriait-il, à quel état faut-il se
voir réduit ; mais vous le voulez, *fiat volun-
tas tua,* je veux bien souffrir encore plus ;
mais donnez-moi du courage. »

Pendant tout le mois de novembre et les
premiers jours de décembre, les parents et
les amis de M. Lemaire passèrent par des
alternatives de crainte et d'espérance ; mais
enfin, le 4 décembre, le malade déjà très
affaibli eut une crise si grave qu'on put
craindre qu'elle ne fût la dernière. M. l'Archiprêtre en profita pour lui offrir de faire
de nouveau la sainte communion, ce qu'il
accepta avec bonheur. Le 5, il reçut Notre-

Seigneur, comme la première fois, avec une piété admirable ; et lorsque son digne père spirituel (comme il l'appelait) lui parla du sacrement des malades, il se hâta de répondre : « M'administrer ? oh ! oui, je le veux bien. » Il reçut l'Extrême-Onction, suivant avec un grand calme les prières du prêtre et les cérémonies sacrées ; et il consentit ensuite non moins volontiers à recevoir le saint scapulaire, ce petit habit de la Sainte Vierge, ainsi que le nomme l'Église, dont Marie elle-même a dit : *In hoc moriens æternum non patietur incendium* [1].

« Nos cœurs sont brisés, écrivait dans cette circonstance une de ses filles ; mais nos âmes sont dans un véritable ravissement. Seigneur, puissions-nous ne jamais oublier les grâces immenses qu'il vous a plu de nous accorder ! Puissions-nous ne plus vivre désormais que pour votre gloire, et, autant que nous pourrons y contribuer, pour le salut des autres. En quelques jours notre

---

[1] Celui qui mourra revêtu de cette livrée ne tombera pas dans les flammes éternelles.

père bien-aimé est devenu un saint! Il nous faudra bien du temps pour atteindre à son degré de foi, d'humilité et de conformité à votre volonté, ô mon Dieu. Merci des leçons que vous nous donnez par le moyen de notre père chéri ! »

Depuis ce jour de grâces et de bénédictions, le pieux, nous allions dire aussi le saint malade continua de souffrir et de languir ; toujours plein de patience et de douceur envers son entourage, reconnaissant des soins dévoués qu'on lui prodiguait, et chaque jour priant, avec la simplicité et l'abandon d'un enfant, guidé par son père spirituel. Le mal s'aggravait de plus en plus, son œuvre destructrice avançait toujours, et s'il restait aux siens quelque lueur d'espoir, c'était en Dieu seul : Il peut tout, disaient-ils dans leur désir de conserver un père, un époux si bon et si aimé! Sa vie se prolongea encore près de quinze jours, Dieu le voulant ainsi sans doute, afin de pouvoir lui donner son ciel plus tôt, en prolongeant des souffrances toujours moins longues que les expiations de l'autre vie, et le lui donner plus beau, en augmentant ses mérites.

Enfin, le mercredi 16 décembre, tout annonçait une mort prochaine. Dans cette nuit qui fut la dernière, il demanda encore à la sœur qui veillait près de lui de réciter la prière, et s'unit à l'*Ave Maria* avec une touchante piété. Le jeudi matin, ses traits qui s'altéraient et sa respiration précipitée faisaient pressentir le moment fatal. Il était calme cependant. Près de lui à genoux se tenait M. l'Archiprêtre, qui lui suggéra jusqu'à la fin de pieuses pensées. Le mourant tenait entre ses mains défaillantes la croix et le chapelet. Sa douce et paisible agonie dura jusque vers midi, et à cette heure où les cloches sonnant l'*Angélus* invitaient tous les fidèles à saluer Marie, il s'endormit dans la paix du Seigneur.

Qui ne s'écriera après avoir lu ce récit : « Puissé-je mourir de la mort des justes, puissent mes derniers moments ressembler aux leurs ! »

Les obsèques de M. Lemaire eurent lieu en grande pompe et en présence d'une nombreuse assistance, le lundi 21 décembre, dans la cathédrale de Laon.

Nous ne nous ferons pas l'écho de tous les regrets qui l'accompagnèrent dans la tombe. Qu'il nous suffise de dire qu'ils furent unanimes et profonds, comme avait été l'estime et le respect dont il avait été entouré de son vivant. De M. Lemaire on pourra dire que, grâce à sa vie humainement exemplaire et à sa mort si sainte, sa mémoire sera en bénédiction dans le monde et dans l'Église de Dieu.

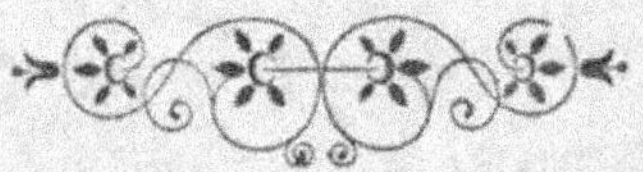

TABLE DES MATIÈRES

Imprimerie Notre-Dame des Prés. — ERN. DUQUAT, directeur.
Neuville-sous-Montreuil (P.-de-C.)